中等职业教育国家规划教材配套辅导用书

管理会计习题与实训

GUAN LI KUAI JI XI TI YU SHI XUN

（第5版）

张小磊　主编

中国财经出版传媒集团
中国财政经济出版社

图书在版编目（CIP）数据

管理会计习题与实训 / 张小磊主编．--5 版．--北京：中国财政经济出版社，2019.11（2022.7重印）

中等职业教育国家规划教材配套辅导用书

ISBN 978-7-5095-9464-3

Ⅰ.①管… Ⅱ.①张… Ⅲ.①管理会计-中等专业学校-习题集 Ⅳ.①F234.3-44

中国版本图书馆 CIP 数据核字（2019）第 266297 号

责任编辑：王　芳　　　　责任校对：张　凡

封面设计：华乐功

中国财政经济出版社出版

URL：http：//www.cfeph.cn

E-mail：jiaoyu@cfeph.cn

社址：北京市海淀区阜成路甲 28 号　邮政编码：100142

营销中心电话：010-88191537

北京富生印刷厂印刷　各地新华书店经销

787×1092 毫米　16 开　5 印张　105 000 字

2020 年 4 月第 5 版　2022 年 7 月北京第 2 次印刷

定价：12.00 元

ISBN 978-7-5095-9464-3

（图书出现印装问题，本社负责调换）

本社质量投诉电话：010-88190744

打击盗版举报热线：010-88191661　QQ：2242791300

第5版说明

为全面贯彻落实《国家教育事业发展“十三五”规划》（国发〔2017〕4号）、《关于印发管理会计基本指引的通知》（财会〔2016〕10号）及《财政部关于全面推进管理会计体系建设的指导意见》（财会〔2014〕27号）等文件，我们依据教育部最新颁布的《中等职业学校会计专业教学标准（试行）》对中等职业教育国家规划教材配套辅导用书《管理会计习题集》进行了修订。

在企业会计实践中，管理会计与财务会计并驾齐驱，是企业会计的两个主要领域。为了更好地适应中等职业学校改革发展的需求，吸收国内外优秀管理会计教材的精华，本着培养技能、强化应用的指导思想，结合当前中等职业教育教学改革和课程改革的最新成果，我们对这本与《管理会计》配套的习题集进行了以下修订：

（1）与主教材内容紧密结合，每一章都配有整套的习题和相关实训。

（2）突出管理会计技能的实际运用，体现技能型培养目标。着重培养学生分析和解决问题的能力。每章给出了与教学内容相关的技能训练，有助于引导学生系统掌握所学知识并加以巩固。

（3）体现教、学、做一体化，让学生在学中做、做中学，发挥学生的主体作用，培养学生的实操能力。

（4）在内容和形式上，强调通用性和基础性。通过常见题型的训练，使学生牢固掌握知识和技能。

本书由四川省成都市财贸职业高级中学校张小磊老师担任主编。张小磊老师确定本书编写的指导思想与基本要求，负责全书整体框架，提出修订大纲，并对编写内容进行审核。赵舒婷老师负责资料的收集整理，各章编写分工如下：第一章由赵舒婷老师编写，第二、三章由尹媛媛老师编写，第四章由蔡小清老师编写，第五章由李佳馨老师编写，第六、七章由楼庆冬老师编写，第八、九、十章由牟甘犊老师编写。本书的第4版由胡冬鸣、张振国担任主编。在本书的出版过程中，我们得到了众多知名会计专家、一线教师以及行业从业人员的指导和帮助，在此表示感谢。但新的管理会计规定在教学与实践中的贯彻执行仍需有个过程，我们真诚地希望各类职业学校在本书的使用中，能够及时提出修改意见和建议，使之不断完善和提高。

编者

2020年1月

目 录

第一章
概　论

一、单项选择题

1. 泰罗是（　　）的代表人物。

A. 传统管理　　B. 科学管理

C. 现代管理　　D. 经营管理

2. 管理会计的两项基本职能是（　　）。

A. 反映与监督　　B. 控制与考核

C. 规划与控制　　D. 规划与考核

3. 现代会计中两个并列的重要领域是（　　）。

A. 管理会计与决策会计　　B. 管理会计与财务会计

C. 管理会计与责任会计　　D. 财务会计与决策会计

4.《财政部关于全面推进管理会计体系建设的指导意见（征求意见稿）》中认为管理会计是（　　）。

A. 管理会计工作是会计工作的重要组成部分

B. 管理会计工作是管理工作的重要组成部分

C. 管理会计和业务没有关系

D. 管理会计服务于内外部信息需求

5. 管理会计从传统会计中分离出来，主要是由于（　　）。

A. 泰罗制的出现　　B. 运筹学、概率论的应用

C. 系统数学解析方法出现　　D. 现代会计的产生

6. 管理会计的会计主体应是（　　）。

A. 整个企业　　B. 企业内部的责任单位

C. 企业的财务部门　　D. 法人

7. 管理会计的服务对象主要是（　　）。

A. 全社会　　B. 企业内部管理人员

C. 与企业有经济利害关系的外部团体　　D. 企业的股东及潜在股东

8. 管理会计所编制的管理报表在时间上要求（　　）。

A. 月报　　B. 年报

C. 季报　　D. 没有时间规定

9. 管理会计从其信息特征方面看，其业绩报告（　　）。

A. 具有法律效力　　B. 不具有法律效力

C. 没有明确的法律效力　　D. 是否具有法律效率待定

10. 对会计资料最终结果要求不太精确的是（　　）。

A. 成本会计　　B. 税务会计

C. 管理会计　　D. 财务会计

二、多项选择题

1. 管理会计基本职能是（　　）。

A. 规划职能　　B. 监督职能

C. 控制职能　　D. 核算职能

2. 管理会计的应用原则有（　　）。

A. 战略导向原则　　B. 融合性原则

C. 适应性原则　　D. 成本效益原则

3. 管理会计的内容体系包括（　　）。

A. 预测分析　　B. 成本控制

C. 决策分析　　D. 责任会计

E. 全面预算

4. 管理会计与财务会计不同之处表现在（　　）。

A. 服务对象不同　　B. 基本职能不同

C. 法律效力不同　　D. 核算主体不同

E. 依据会计原则不同

5. 管理会计所编制的管理会计报表，在时间跨度上，可以是（　　）。

A. 某一天　　B. 若干天

C. 每年的年末　　D. 每月的月末

E. 若干月甚至若干年

6. 现代管理科学主要包括（　　）。

A. 泰罗制　　B. 信息论

C. 系统论　　D. 控制论

E. 行为科学

7. 管理会计可以不考虑的情况有（　　）。

A. 成本效益原则　　B. 会计原则

C. 报表格式　　D. 会计制度

8. 规划会计主要包括（　　）。

A. 预测　　B. 全面预算

C. 经营决策　　D. 投资决策

E. 成本核算

9. 控制会计主要包括（　　）。

A. 成本控制　　B. 全面预算

C. 存货控制　　D. 责任会计

10. 在泰罗的科学管理学说控制下，将（　　）等科学管理引入到会计中来。

A. 标准成本　　B. 预算控制

C. 差异分析　　D. 借贷记账法

三、判断题

1. 管理会计是财务会计的一个分支。（　　）

2. 管理会计是面向未来，对未来的预测、控制，因而与过去无任何联系。（　　）

3. 管理会计作为“内部会计”，它是为企业内部管理服务的。（　　）

4. 管理会计可分为规划会计和控制会计两大部分，前者以决策会计为主体，后者以责任会计为主体。（　　）

5. 管理会计不受公认会计原则的约束，只遵循“成本效益”的原则。（　　）

6. 管理会计可根据管理的需要，在任何时候、按任何期间编制有关的管理报表。（　　）

7. 管理会计所提供的数据不需精确，它只是个近似值。（　　）

8. 管理会计和财务会计一样，所编制的报表都是具有法律效力的。（　　）

9. 管理会计和财务会计是截然分开的，无任何联系。（　　）

10. 管理会计的基本内容，也就是管理会计的两项基本职能。（　　）

四、简答题

1. 管理会计与财务会计有哪些联系？

2. 管理会计与财务会计有哪些区别？

3. 管理会计的要素有哪些？

4. 管理会计的主要内容有哪些？

5. 在企业中是否应设置专门的管理会计部门？为什么？

第二章
成本习性和变动成本法

一、单项选择题

1. 下列项目中，不属于非生产成本的是（　　）。

A. 销售费用　　B. 管理费用

C. 制造费用　　D. 财务费用

2. 下列项目中属于变动成本的是（　　）。

A. 保险费　　B. 折旧费

C. 办公用房租金　　D. 计件工资

3. 降低变动成本的途径主要是（　　）。

A. 扩大销售量　　B. 降低单位变动成本

C. 降低变动成本总额　　D. 扩大生产量

4. 下列属于约束性固定成本的项目是（　　）。

A. 职工培训费本　　B. 广告费

C. 业务招待费　　D. 折旧费

5. 属于选择性固定成本的项目是（　　）。

A. 管理人员工资　　B. 研究开发费

C. 折旧费　　D. 房屋租金

6. 在变动成本法下，（　　）应该属于变动制造成本。

A. 变动制造费用　　B. 变动销售费用

C. 固定制造费用　　D. 变动管理费用

7. 按变动成本法计算确定的单位产品成本比按完全成本法计算确定的单位产品威本（　　）。

A. 更高　　B. 更低

C. 相等　　D. 更准

8. 当期末存货量等于期初存货量时，采用变动成本法计算的税前利润（　　）完全成本法计算的税前利润。

A. 大于　　B. 等于

C. 小于　　D. 接近

9. 某工厂直接材料与直接人工之和为25万元，变动制造费用为7万元，固定制造费用为8万元，产品为1600件，其单位产品成本在变动成本法下为（　　）。

A. 250元　　B. 200元

C. 156.25元　　D. 125元

10. 边际贡献=销售收入-（　　）

A. 变动制造成本　　B. 变动非生产成本

C. 变动成本　　D. 固定制造成本

二、多项选择题

1. 传统的财务会计将制造成本分为（　　）。

A. 直接材料　　B. 直接人工

C. 管理费用　　D. 制造费用

2. 下列属于变动成本项目的有（　　）。

A. 营业税　　B. 生产用电费

C. 照明用电费　　D. 银行借款利息

E. 折旧费

3. 下列属于固定成本项目的有（　　）。

A. 按直线法提取的折旧费　　B. 按产量提取的折旧费

C. 管理人员的工资　　D. 进货运费

E. 办公用房租金

4. 混合成本分解通常采用的方法有（　　）。

A. 高低点法　　B. 公式法

C. 散布图法　　D. 回归分析法

5. 两种成本法都应计算的期间成本包括（　　）。

A. 管理费用　　B. 销售费用

C. 固定制造费用　　D. 变动销售费用及管理费用

6. 在计算边际贡献前扣除的变动成本包括（　　）。

A. 变动制造费用　　B. 变动销售费用

C. 变动管理费用　　D. 变动生产成本

7. 变动成本法的局限性是（　　）。

A. 不符合公认会计准则成本概念

B. 不能适应定价决策的需要

C. 不能提供清晰的成本信息

D. 变动及固定成本的划分具有假定性

8. 对固定性制造费用通常采取的处理方法是（　　）。

A. 在变动成本法下，将其列入产品成本

B. 在变动成本法下，将其列入期间费用

C. 在完全成本法下，将其列入产品成本

D. 在完全成本法下，将其列入期间费用

9. 不会引起两种成本法确定的税前利润发生差额的因素有（ ）。

A. 变动生产成本
B. 固定生产成本
C. 销售收入
D. 变动销售及管理费用

10. 在完全成本法下，列入当期利润表的固定制造费用的大小取决于（ ）因素。

A. 期初存货水平
B. 期末存货水平
C. 当期发生的变动制造费用水平
D. 当期发生的固定制造费用水平

三、判断题

1. 变动成本就是指直接材料与直接人工之和，不包括制造费用。（ ）

2. 降低变动成本的主要途径是扩大产品的生产量和销售量。（ ）

3. 变动成本是指成本总额与业务总量成正比例增减变动的成本。（ ）

4. 单位变动成本不随业务量变动，它是相对固定不变的。（ ）

5. 固定成本是指在一定时期和一定业务范围内，不受业务总量增减变动影响的成本，然而，单位固定成本会随业务量的变动而变动。（ ）

6. 变动成本法计算的利润一定与完全成本法计算的利润不一致。（ ）

7. 在变动成本法下，变动的销售费用和管理费用作为生产成本列入变动成本中。（ ）

8. 在变动成本法下，固定性制造费用作为期间费用抵减当期损益。（ ）

9. 在变动成本法下，由于变动销售及管理费用在计算边际贡献前已被扣除，因此不能作为期间费用。（ ）

10. 如果存货量不变，则变动成本法和完全成本法计算的税前利润是相等的。（ ）

11. 混合成本分解的方法，无论是高低点法、散布图法，还是回归分析法，均含有估计的成分，只能作为一个近似值。（ ）

12. 在变动成本法下，变动制造成本的计算是按销售量计算的。（ ）

13. 在完全成本法下，制造成本的计算是按产品的销售量计算的。（ ）

14. 在变动成本法下，销售及管理费用与制造费用一样分为变动与固定的两种，变动的销售及管理费用列入变动的制造成本。（ ）

15. 变动成本法缺点之一就是“收入与费用相配比”的会计原则。（ ）

四、简答题

1. 变动成本与固定成本有什么区别？

2. 变动成本法和完全成本法有什么区别?

3. 变动成本法的优点有哪些?其局限性是什么?

4. 成本按习性分类有何意义?

5. 什么是成本习性?

五、计算分析题

1. 目的：通过识图加深对成本习性的了解。

资料：从A—D，系成本与数量关系中最常见的四种坐标图，其纵轴为成本，横轴为业务量，如图2-1所示。以下是成本费用发生的业务：

（1）房屋建筑物按直线法计提折旧。

（2）产品生产耗用直接材料。

（3）运输车辆按货物运输的吨公里计提折旧。

（4）电费支出：开始一段时间在一定的用电量范围内，电费总支出为固定费用，但超出定用电量后，电费支出每增加一定量用电，就相应增加一定的电费。

（5）修理费：每10台机器需用一名维修工人，10—20台需用二人，依次类推。

（6）按合同规定，支付办公用房租金10万元。

要求：根据以上6项成本费用发生的业务，按编号分别将其填入图2－1的各括号内。

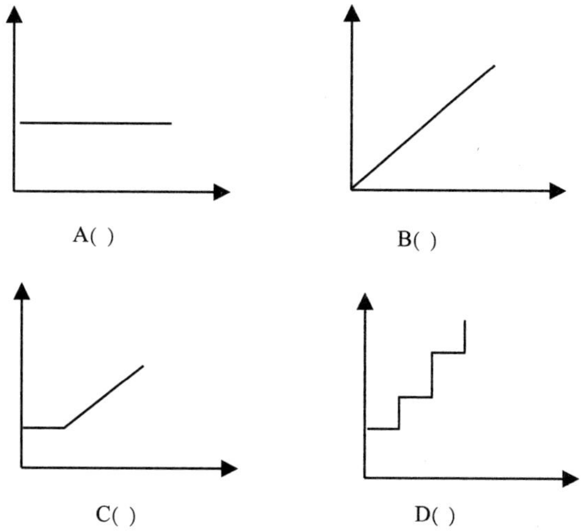

图2－1

2. 目的：通过练习，掌握高低点法对混合成本分解的方法。

资料：某企业制造费用与产品产量的资料，如表2－1所示。

表2－1　　制造费用与产品产量表

月份	1	2	3	4	5	6
制造费用（元）	15600	15000	20000	19800	18400	22200
生产量（件）	130	100	145	130	120	180

要求：（1）采用高低点法将混合成本分解为固定成本和变动成本。（2）当生产量为200件时其总成本为多少？采用直线方程式表示。

3. 目的：通过练习，掌握回归分析法对混合成本分解的方法。

资料：某企业混合成本资料如表2－2所示。

表2-2　　回归分析法函数计算表　　单位：元

月份	工作小时（x）	修理成本（y）	x^2	xy
1	160	1200		
2	120	960		
3	180	1440		
4	180	1390		
5	190	1330		
6	220	1670		
合计	$\sum x=$	$\sum y=$	$\sum x^2=$	$\sum xy=$

要求：采用回归分析法将混合成本分解为固定成本和变动成本。

4. 已知某企业只产销一种产品，其有关资料如下：生产量为2000件，销售量为1800件，期初存货为零；贡献边际率为60%；原材料为6000元，计件工资为4000元，其他变动性制造费用为每件0.40元，固定性制造费用总额为2000元，变动性销售与管理费用为每件0.20元，固定性销售与管理费用总额为300元。

要求：（1）根据给定的贡献边际率确定售价。（2）按两种方法计算单位产品成本。（3）按两种成本法编制利润表。（4）说明两种成本法计算的营业利润不同的原因。

5. 已知，某公司从事单一产品生产，连续三年销售量均为1000件。三年的产量分别为1000件、1200件和800件。单位产品售价为200元，管理费用与销售费用均为固定成本，两项费用各年总额均为5000元，单位产品变动生产成本为90元，固定性制造费用为2000元，第一年的期初存货量为零。存货计价采用先进先出法。

要求：(1) 分别采用变动成本法和完全成本法计算第一年的营业利润。(2) 不用计算，直接判断第二年和第三年按变动成本法确定的营业利润。(3) 按照利润差额简算法分别计算第二年和第三年两种成本法的利润差额。(4) 不用编利润表，计算第二年和第三年完全成本法下的营业利润。(5) 根据本题计算结果，验证两种成本法广义利润差额特殊变动规律的合理性。

6. 已知，某企业本期有关资料如下：单位直接材料成本为 10 元，单位直接人工成本为 5 元，单位变动性制造费用为 7 元，固定性制造费用总额为 4000 元，单位变动性销售与管理费用为 4 元，固定性销售与管理费用为 1000 元。期初存货量为零，本期生产量为 1000 件，销售量为 600 件，单位售价为 40 元。

要求：分别按两种成本法的有关公式计算下列指标，（1）单位产品成本；（2）期间成本；（3）销货成本；（4）营业利润。

第三章 预测分析

一、单项选择题

1. 企业根据现有的经济条件和掌握的历史资料以及客观事物的内联系，对生产经营活动的未来发展趋势和状况进行的预计和测算过程，就是管理会计的（　　）。

A. 经营决策　　B. 经营预测

C. 生产决策　　D. 生产预测

2. 下列各种销量预测方法中，属于因果预测分析法的是（　　）。

A. 趋势平均法　　B. 移动平均法

C. 指标建立法　　D. 平滑指数法

3. 下列各项销售预测方法中，不属于定量分析法的是（　　）。

A. 判断分析法　　B. 算术平均法

C. 回归分析法　　D. 平滑指数法

4. 通过函询方式，在互不通气的前提下向若干经济专家分别征求意见的预测方法是（　　）。

A. 专家函询法　　B. 专家小组法

C. 专家个人意见集合法　　D. 德尔菲法

5. 下列各种销售预测方法中，没有考虑远、近期销售业务量会对未来销售状况产生不同影响的方法是（　　）。

A. 移动平均法　　B. 算术平均法

C. 加权平均法　　D. 平滑指数法

6. 下列各项中，不能按照统一的方法直接确定各期权数值的方法是（　　）。

A. 移动平均法　　B. 趋势平均法

C. 加权平均法　　D. 平滑指数法

7. 在采用平滑指数法进行近期销售预测时，应选择的指数是（　　）。

A. 固定的平滑指数　　B. 较小的平滑指数

C. 较大的平滑指数　　D. 任意数值的平滑指数

8. 在利用平滑指数法对销量波动较大的产品进行预测时，应选择（　　）。

A. 固定的平滑指数　　B. 较小的平滑指数

C. 较大的平滑指数　　D. 任意数值的平滑指数

9. 因果预测分析法下用于建立预测模型的“回归分析法”与趋势外推法所采用的“修正的时间序列回归法”的回归系数计算公式（　　）。

A. 完全相同　　B. 完全不同

C. 大致相同　　D. 基本不同

10. 在下列产品寿命周期的不同阶段中，产品销售量急剧下降的现象通常发生在（　　）。

A. 萌芽期　　B. 成长期

C. 成熟期　　D. 衰退期

11. 目标利润一经确定，就要纳入预算系统中的（　　）。

A. 编制体系　　B. 执行体系

C. 指导体系　　D. 控制体系

12. 利润敏感性分析是研究当制约利润的有关因素发生某种变化的时候对利润所产生影响的一种（　　）。

A. 判断分析法　　B. 趋势外推法

C. 定量分析法　　D. 定性分析法

13. 下列各项中，其利润敏感度等于经营杠杆系数的百分之一的指标是（　　）。

A. 单价　　B. 单位变动成本

C. 固定成本　　D. 销售量

14. 在进行利润敏感性分析时，中间变量变动额的绝对值和利润变动额的关系是（　　）。

A. 两者相等　　B. 两者不等

C. 前者大于后者　　D. 前者小于后者

15. 已知上年利润为10000元，下年的经营杠杆系数为1.4，销售量变动率为15%，则下一年的利润预测额为（　　）元。

A. 150000　　B. 140000

C. 125000　　D. 121000

16. 如果经营杠杆系数等于1，表明企业的固定成本（　　）。

A. 等于零　　B. 大于零

C. 小于零　　D. 为任意值

17. 某企业每月固定成本为2000元，单价为20元，计划销售产品500件，欲实现目标利润1000元，其单位变动成本应为（　　）元/件。

A. 12　　B. 13

C. 14　　D. 15

18. 在管理会计中，按目标利润预测的目标成本应当等于（　　）。

A. 预计总产值与目标利润之差

B. 预计销售收入与目标利润之差

C. 预计销售收入与预计总成本之差

D. 变动成本总额与固定成本总额之和

19. 下列各项中，可用于预测追加资金需用量的方法是（　　）。

A. 平均法　　B. 回归分析法

C. 指数平滑法　　D. 销售百分比法

二、多项选择题

1. 下列各项中，属于预测分析内容的有（　　）。

A. 销售预测　　B. 利润预测

C. 成本预测　　D. 资金预测

E. 定性预测

2. 下列各项中，属于预测分析特征的有（　　）。

A. 客观性　　B. 不确定性

C. 相对性　　D. 可检验性

E. 灵活性

3. 下列各项中，属于影响销售量的外部因素有（　　）。

A. 市场环境　　B. 竞争对手

C. 产品价格　　D. 经济发展趋势

E. 生产条件

4. 下列各项中，可用于销售预测的定量分析方法有（　　）。

A. 判断分析法　　B. 趋势外推分析法

C. 本量利分析法　　D. 因果预测分析法

E. 产品寿命周期推断法

5. 下列各项中，属于趋势外推分析法的有（　　）。

A. 平均法　　B. 修正的时间序列回归法

C. 因果预测分析法　　D. 综合判断法

E. 全面调查法

6. 指标建立法所使用的预测模型包括（　　）。

A. 企业以前建立的　　B. 其他企业建立的

C. 自身行业建立的　　D. 企业将要建立的

E. 其他行业建立的

7. 下列各项中，属于利润敏感性分析任务的有（　　）。

A. 计算有关因素的利润灵敏度指标

B. 揭示利润与因素之间的相对数关系

C. 利用灵敏度指标进行决策分析

D. 利用灵敏度指标进行预测分析

E. 利用灵敏度指标进行日常的管理

8. 在销量因素上升时，经营杠杆系数的数值（　　）。

A. 将不会改变　　B. 将随之上升

C. 将随之下降　　D. 将随之向反方向变动

E. 将随之向同方向变动

9. 从本质上看，平滑指数法属于（　　）。

A. 平均法　　B. 算术平均法

C. 因果预测分析法　　D. 趋势外推分析法

E. 特殊的加权平均法

10. 在销售预测中，定性预测可以采用的方法有（　　）。

A. 移动加权平均法　　B. 回归分析法

C. 专家判断法　　D. 推销员判断法

E. 综合判断法

11. 下列各项中，属于目标利润应体现的原则有（　　）。

A. 可行性　　B. 客观性

C. 严肃性　　D. 指导性

E. 重要性

12. 下列各项中，可作为目标利润率标准的有（　　）。

A. 投资报酬率　　B. 销售利润率

C. 产值利润率　　D. 资金利润率

E. 现金回收率

13. 在其他因素不变的情况下，下列各项中属于企业为实现目标利润应采取的措施的有（　　）。

A. 单纯降低单位变动成本　　B. 单纯降低固定成本

C. 单纯增加销售量　　D. 单纯提高单价

E. 采取各种综合措施

14. 下列各项中，属于利润敏感性分析假定条件的有（　　）。

A. 四个因素的假定　　B. 因素单独变动的假定

C. 利润增长的假定　　D. 变动率绝对值为1%的假定

E. 利润不变的假定

15. 管理会计在确定目标成本时，可采取不同的预测方法，包括（　　）。

A. 按目标利润预测目标成本

B. 以本企业历史最高的成本为目标成本

C. 以本企业历史上最好成本水平为目标成本

D. 以国内外同类产品的先进成本水平为目标成本

E. 按企业上年实际成本扣减计划成本降低额作为目标成本

三、判断题

1. 预测就是对不确定的或不知道的事件作出叙述和描述。（　　）

2. 预测是为决策服务的，有时候也可以代替决策。（　　）

3. 因为预测分析中的定性分析法与定量分析法具有本质的不同，因此在实际应用时相互排斥。（　　）

4. 销量预测中的加权平均法与移动加权平均法没有任何共同之处。（　　）
5. 算术平均法对历史上的各期资料一视同仁，不需要考虑权数。（　　）
6. 在管理会计的预测分析中，成本预测是其他各项预测的前提。（　　）
7. 销售预测中的算术平均法适用于预测销售量波动比较明显的产品。（　　）
8. 在产品寿命周期的不同阶段，销售量变动趋势不同。（　　）
9. 预测分析中的因果预测法也叫回归分析法。（　　）

四、简答题

1. 什么是销售预测分析？

2. 什么是趋势外推法？包括哪些？

3. 成本预测分析有哪些主要预测方法？

4. 什么是平滑指数法？

5. 为什么说边际贡献是管理会计的一个重要指标？

五、计算分析题

1. 目的：要求掌握简单移动平均法和加权移动平均法，并进行销售量预测。

资料：某家用电器商店1—6月份电风扇销售量如表3－1所示。

表3－1　　1—6月份电风扇销售明细表

月份	1	2	3	4	5	6	合计
销售量（台）	200	180	240	280	380	500	1780

要求：（1）应用简单移动平均法预测7月份的销售量。（2）应用加权移动平均法预测7月份的销售量。（采用三个月移动）

2. 已知：某企业生产一种产品，2019年1—12月份的销售量资料见表3－2。

表3－2　　销售量资料

月份	1	2	3	4	5	6	7	8	9	10	11	12
销售量（吨）	10	12	13	11	14	16	17	15	12	16	18	19

要求：分别按以下方法预测2020年1月份销售量。（1）平滑指数法（假设2019年12月份销售量预测数为16吨，平滑指数为0.3）。（2）修正的时间序列回归法。

3. 已知：某企业只生产一种产品，本年销售量为20000件，固定成本为25000元，利润为10000元，预计下一年销售量为25000件（假设成本、单价水平不变）。

要求：预测下年的利润额。

4. 已知：某公司产品的单位变动成本为 20 元，固定成本为 500000 元，销售单价为 25 元/件，若目标净利润定为 300000 元，适用的所得税税率为 40%。

要求：用本量利分析法计算产品的保利量。

5. 目的：练习边际贡献的计算。

资料：假定每个企业都只产销一种产品，甲、乙、丙、丁四个企业分别在过去 1 年的生产和销售情况如表 3－3 所示。

表 3－3　　边际贡献及有关指标计算法　　单位：元

企业	销售数量（件）	销售收入总额	变动成本总额	单位边际贡献	固定成本总额	税前利润
甲	10000		20000	10		5000
乙	2000	60000			12000	14000
丙		80000		15	15000	30000
丁	4000	10000	60000		20000	

要求：计算并填列表中空格。

第四章 经营决策

一、单项选择题

1. 经营决策一般不涉及固定资产投资，且只涉及1年以内的有关经济活动。在下列经济活动中不属于经营决策范围的是（　　）。

A. 在生产多种产品情况下，如何实现产品最优组合

B. 在需要支付专属固定成本情况下，对零部件自制还是外购进行选择

C. 选择产品最优销价

D. 由于投产新产品，需要增加固定资产和流动资产投资

2. 在经营决策中若使用差量分析法进行甲、乙两个备选方案选择，若其差量收入大于差量成本则说明（　　）。

A. 甲方案较优　　B. 乙方案较优

C. 甲、乙两个方案都较优　　D. 根本无法判断

3. 在经营决策中，如遇到两种不同产品生产选择问题，其计算结果是甲产品单位边际贡献多于乙产品，此时应该采取的做法是（　　）。

A. 选择甲产品　　B. 选择乙产品

C. 甲、乙两种产品都生产　　D. 根本无法确定

4. 有一批联产品存在两个处置方案，一个是直接出售，一个继续加工后出售。继续加工成本为3000元，加工后出售收入为11000元；直接出售收入为7000元。其差量损益为（　　）。

A. 1000元　　B. 3000元

C. 5000元　　D. 7000元

5. 当企业利润实现最大化时，边际收入和边际成本的关系是（　　）。

A. 边际收入大于边际成本　　B. 边际收入小于边际成本

C. 边际收入等于边际成本　　D. 边际收入和边际成本无关

6. 若把不同产量作为不同方案来处理，那么边际成本就是不同方案所形成的（　　）。

A. 差量成本　　B. 差量收入

C. 差量损益　　D. 边际贡献

7. 在存在专属固定成本情况下，经营决策主要是通过比较不同备选方案的（　　）来进行方案选优。

A. 边际贡献总额　　B. 剩余边际贡献总额

C. 单位边际贡献　　D. 单位剩余边际贡献

8. 在不存在专属固定成本情况下，经营决策主要是通过比较不同备选方案的（　　）来进行方案选优。

A. 边际贡献总额　　B. 剩余边际贡献总额

C. 单位边际贡献　　D. 单位剩余边际贡献

9. 剩余边际贡献和边际贡献之间差异主要在于（　　）。

A. 变动成本　　B. 固定成本

C. 专属成本　　D. 联合成本

10. 当企业利用剩余生产能力生产新产品时，如果不存在专属固定成本的话，应该以（　　）作为选择标注。

A. 边际贡献总额　　B. 剩余边际贡献总额

C. 单位边际贡献　　D. 单位剩余边际贡献

11. 在经营决策分析中，必须以备选方案提供的边际贡献总额的大小，或单位工时所创造的边际贡献大小作为选优标准，而不能以产品所提供的单位边际贡献的多少来判断一个方案的优劣，其原因是（　　）。

A. 单位产品销售数量不同

B. 由于单位产品售价不同，造成无法利用单位产品边际贡献指标在各种产品之间进行比较

C. 在单位工时内所创造出的产品数量不同

D. 产品增加后其边际贡献大小主要取决于剩余生产能力多少

12. 某一企业生产甲、乙、丙三种产品，其单位边际贡献都存在且都较高。现在，甲产品发生亏损，其最好解决方案应该是（　　）。

A. 甲产品停产，生产甲产品机器设备转而生产乙产品

B. 甲产品停产，生产甲产品机器设备转而生产丙产品

C. 甲产品停产

D. 甲产品继续生产

13. 某企业同时生产多种产品，但其中有一种存在较高边际贡献的产品发生了亏损，其原因是该产品（　　）。

A. 生产成本过高　　B. 所获边际贡献不足以补偿固定成本

C. 市场销售状况不佳　　D. 存在严重质量问题

14. 亏损产品是否应该继续生产关键在于该产品是否存在（　　）。

A. 边际贡献　　B. 销售收入

C. 销售利润　　D. 目标利润

15. 某企业为了满足客户追加订货需要专门增加下列一些成本开支，其中，属于专属固定成本的项目是（　　）。

A. 为了接受这批订货需支付的职工加班工资

B. 由于追加这批订货需增加的耗电费用

C. 由于和客户签订长期合作协议，为此需新建厂房和购置新机器设备

D. 为了及时满足客户需求增加一台新机器设备

16. 某企业生产所用活塞过去一直需要外购解决，其购入单价为500元；现在由本企业一有剩余生产能力的生产车间生产该种产品，其单位变动成本为420元，专属固定成本为16000元。根据这些条件计算活塞自制或外购成本平衡点应该是（　　）。

A. 100个　　B. 200个

C. 300个　　D. 400个

17. 某企业使用同一机器生产甲、乙两种产品，但两种产品不能同时生产。若机器最大生产量为1000机器工时，固定成本总额为4000元，甲、乙产品单位定额工时分别为2小时、4小时，单位售价分别为16元、28元，单位变动成本分别为13元、24元，则两种产品差量收益应该是（　　）。

A. 400元　　B. 500元

C. 600元　　D. 700元

二、多项选择题

1. 经营决策的主要特征是（　　）。

A. 一般只涉及企业1年以内的有关经济活动

B. 投资金额少

C. 一般不考虑货币时间价值问题

D. 必须考虑货币时间价值

2. 经营决策采用的方法主要有（　　）。

A. 差量分析法　　B. 边际贡献法

C. 本量利分析法　　D. 净现值法

3. 下列关于差量分析法表述中正确的是（　　）。

A. 决策分析时，只考虑那些对备选方案预期成本发生影响的项目

B. 对于那些不随决策的产生而产生，也不随决策的改变而改变的因素在决策中一律给予剔除

C. 这个方法所作出的结论，只是从两个备选方案中选择一个较优的方案，而这个方案并不意味着是最佳方案

D. 在差量分析中存在着机会成本问题，并要给予认真研究

4. 采用边际贡献法评价各备选方案优劣时，所使用的边际贡献的含义是指（　　）。

A. 边际贡献总额　　B. 单位工时边际贡献

C. 边际贡献增减额　　D. 单位边际贡献

5. 某企业所用一种机器设备在负担相同金额固定成本条件下，既可以生产甲产品，也可以生产乙产品，但两种产品不能同时生产。已知甲产品单位售价为40元，单位变动成本为15元；乙产品单位售价为50元；单位变动成本为27元。机器最大生产能力为1000机器工时，甲、乙产品单位机器工时分别是25小时和27小时。若现在决定生产乙

产品，则会发生的情况是（ ）。

A. 存在机会成本，金额是 1000 元

B. 存在机会成本，金额是 1150 元

C. 选择乙产品正确，因为乙产品边际贡献总额大于甲产品

D. 选择甲产品正确，因为甲产品单位边际贡献大于乙产品

6. 亏损产品决策由于并不涉及现有生产能力和固定成本总额变动，因此在分析其变动成本之后，就能决定亏损产品是否应该（ ）。

A. 停产 B. 继续生产

C. 直接出售 D. 直接报废

7. 联产品在分离后是立即出售还是经过继续加工再行出售，在这个问题的决策中应该注意的是（ ）。

A. 联产品在进一步加工前所发生的联合成本在决策分析中属于无成本而不予考虑

B. 联合成本包括变动成本或是固定成本

C. 决策中的关键问题是分析研究联产品在进一步深加工之后所增加的预期收入是否能够超过所增加的可分成本

D. 可分成本属于联产品在进一步加工之后所发生的在决策中必须考虑的相关成本

8. 产品最优售价是指（ ）。

A. 产品最高售价

B. 能够促使企业获得最大利润的售价

C. 是边际收入等于或接近于边际成本时候的产品售价

D. 能够获取最大销售收入的售价

三、判断题

1. 经营决策中，任何一种方法都只能解决生产经营中的一类问题，或者说，任何一类生产经营问题都只能由一种方法解决。 （ ）

2. 在经营决策中，凡是亏损的产品就应该停产。 （ ）

3. 边际收入是指在一定销售量基础上增加一个单位销售量所增加的销售总收入。 （ ）

4. 产品最优组合决策适用于多种产品生产的企业。 （ ）

5. 产品最优售价是指企业能够获取最大利润的售价，并非是指企业产品最高的售价。 （ ）

四、简答题

1. 经营决策的程序包括哪些步骤？

2. 经营决策的主要方法有哪些？

3. 什么是边际贡献分析法？

4. 什么是产品最优售价选择？

五、计算分析题

1. 目的：练习在需要量确定情况下零部件自制还是外购选择。

资料：某企业在正常生产经营情况下每年需用W零件18000件，如从市场购进，其市场平均售价为每个60元。企业有能力安排辅助生产车间自行生产，经会计部门和生产技术部门初步估算后，预计每个零部件生产成本构成如下：

直接材料　　40元

直接人工　　10元

制造费用　　14元

其中：变动制造费用　　8元

固定制造费用　　6元

单位零件成本64元

该企业辅助生产车间若不生产零部件，生产设备并无其他用途。同时，该企业自制零部件需增加一台专用设备并为此每年增加专属固定成本40000元。

要求：采用差量分析法作出该企业零部件自制或外购的选择。

2. 目的：练习在需要量确定情况下零部件自制还是外购选择。

资料：某企业在正常生产经营情况下每年需用 A 零件 25000 件，现在企业出现剩余生产能力并有两种办法可供选择：一是从市场直接采购，每个进价 140 元，但生产车间剩余生产设备通过出租可获租金收入 70000 元；二是安排企业生产车间剩余生产能力自行生产，其单位零件生产成本构成情况经初步估算如下：

直接材料　　70 元

直接人工　　20 元

制造费用　　50 元

其中：变动制造费用　　30 元

固定制造费用　　20 元

单位零件成本 140 元

要求：采用差量分析法作出该企业零件自制或外购的选择。

3. 目的：练习在需要量不确定情况下零件自制还是外购选择。

资料：某企业生产所需用 F 零件既可以自制，也可以从企业外购购买。若从市场直接采购，每个零件市场售价为 500 元；若安排企业生产车间剩余生产能力自行生产，其单位零件生产构成情况经初步估算如下：

直接材料　　190 元

直接人工　　130 元

制造费用　　190 元

其中：变动制造费用　　100 元

固定制造费用　　90 元

单位零件成本 510 元

若企业采用自制零件的话，还需增加专属固定成本 16000 元。

要求：通过本量利分析法确定该企业在什么情况下零件采用自制方案为优，又在什么情况下采用外购方案为优，同时绘出本量利分析图（假设需求量为 X，Y1 表示自制成本，Y2 表示外购成本）。

4. 目的：练习作出联产品出售或进一步加工的选择。

资料：某企业通过加工一种化工原料可以分离出A、B、C三种联产品。三种联产品在联产过程结束时既可以直接出售，也可以进一步加工后出售。三种联产品的产量、销售单价、进一步加工后成本等项资料，如表4-1所示。

表4-1　A、B、C产品的产量、售价和成本表　单位：元

产品	产量（千克）	立即出售单价	加工后出售单价	联合成本	可分成本	
					单位变动成本	专属固定成本
A产品	80	12	16	400	4	80
B产品	20	8	18	200	10	400
C产品	400	24	50	8000	10	0

要求：采用差量分析法对该企业A、B、C三种联产品是立即出售，还是加工后出售作出选择。

5. 目的：练习作出联产品出售或进一步加工的选择。

资料：某化工厂通过加工一种化工原料可以分离出甲、乙两种联产品。两种联产品在联产过程结束时既可以直接出售，也可以进一步加工后出售。两种联产品的产量、销售单价、进一步加工后成本等项资料，如表4-2所示。

表4-2　甲、乙产品产量、售价和成本表　单位：元

产品	产量（千克）	立即出售单价	加工后出售单价	联合成本	可分成本	
					单位变动成本	专属固定成本
甲产品	10000	5	10	5000	4	20000
乙产品	8000	7	13	10000	3	10000

要求：采用差量分析法对该企业甲、乙两种联产品是立即出售，还是加工后出售作出选择。

6. 目的：练习开发新产品选择。

资料：某企业现有设备生产能力是20000机器工时，尚有30%的剩余生产能力。企业准备利用这些剩余生产能力开发甲、乙两种新产品。两种新产品市场销售均不受限制，有关产品售价和成本资料如表4－3所示。

表4－3　　甲、乙产品售价和成本表　　单位：元

项目	甲产品	乙产品
单位产品定额工时（小时）	3	1
单位售价	55	35
单位变动成本	15	20
固定成本总额	4000	4000
专属固定成本		2000

要求：根据以上资料采用边际贡献法作出开发哪种新产品更为有利的决策。

7. 目的：练习开发新产品选择。

资料：某企业设计生产能力是20000机器工时，尚有30%的剩余生产能力。企业准备利用这些剩余生产能力开发甲、乙两种新产品。两种新产品市场销售均不受限制，有关产品售价和成本资料如表4－4所示。

表4－4　甲、乙产品售价和成本表　单位：元

项　目	甲 产 品	乙 产 品
单位产品定额工时（小时）	4	3
单位售价	80	60
单位变动成本	56	39
固定成本总额	4000	4000

要求：根据以上资料分别采用边际贡献总额和单位工时边际贡献指标作出开发哪种新产品更为有利的决策。

8. 目的：练习亏损产品是否停产选择。

资料：某企业生产甲、乙、丙三种产品，上年度年终决算后三种产品盈利情况，如表4－5所示。

表4－5　甲、乙、丙产品营业利润表　单位：元

项 目	甲产品	乙产品	丙产品	合 计
销售收入	90000	84000	90000	264000
变动成本	70000	69600	81000	220600
边际贡献	20000	14400	9000	43400
固定成本	12500	12500	15000	40000
营业利润	7500	1900	－6000	3400

要求：根据上述资料对该企业亏损的丙产品是否应该停产作出选择。

第五章
投资决策

一、单项选择题

1. 某君把1000元存入银行，银行存款利率为3%。若按复利计算，此君5年后可从银行取出的本利和是（　　）。

A. 1125元　　B. 1150元

C. 1159元　　D. 1194元

2. 某企业准备在5年后用40000元购买一台设备。若银行存款利率为5%，则这个企业现在应该存入银行的现金为（　　）。

A. 2984元　　B. 31340元

C. 32880元　　D. 34520元

3. 某企业拥有资金1200万元，拟投入报酬为8%的投资项目，经过多少年才可使现有资金增加1倍？此问题解决应该使用（　　）。

A. 复利终值系数　　B. 复利现值系数

C. 年金终值系数　　D. 年金现值系数

4. 现有资金1200万元欲在19年后使其达到原来的3倍，选择投资机会的报酬率是多少？此问题解决应该使用（　　）。

A. 复利终值系数　　B. 复利现值系数

C. 年金终值系数　　D. 年金现值系数

5. （　　）是每隔一定相同时期收入或支出相等金额的款项。

A. 单利　　B. 复利

C. 年金　　D. 本金

6. 某君欲由银行代付3年房租，每年租金10000元，若银行存款利率为3%，现应在银行存入现金（　　）。

A. 9150元　　B. 9700元

C. 28280元　　D. 37170元

7. 年金的表现形式很多，每期期末发生的年金称作（　　）。

A. 后付年金　　B. 先付年金

C. 递延年金　　D. 永续年金

8. 在期望值相同的情况下，标准离差越大的投资项目，其风险（　　）。

A. 越大　　B. 越小

C. 两者无关　　D. 无法判断

9. 在对多个备选方案进行分析决策时，标准离差率越小的方案，其风险（　　）。

A. 越大　　B. 越小

C. 两者无关　　D. 无法判断

10. 投资者甘愿冒风险进行投资的重要原因是（　　）。

A. 可获得额外报酬

B. 可获得利润回报

C. 可获得等同于货币时间价值的报酬率

D. 可获得风险报酬率

11. 投资项目的起点和终点之间的时间应该称作（　　）。

A. 计算期　　B. 经营期

C. 建设期　　D. 试运营期

12. 某一固定资产投资项目原始投资额100万元，投资后第1—8年每年营业现金净流量25万元，第9—10年每年营业现金净流量20万元。本项目投资回收期应该是（　　）。

A. 4年　　B. 5年

C. 6年　　D. 7年

13. 在下列投资决策评价指标中，数值越小越好的指标是（　　）。

A. 净现值　　B. 投资回收期

C. 内含报酬率　　D. 投资报酬率

14. 当某一投资方案净现值 >0 时，其内含报酬率（　　）。

A. 一定是0　　B. 小于0

C. 大于折现利率　　D. 等于折现率

15. 能使投资方案净现值等于零的贴现率是（　　）。

A. 资金成本　　B. 资金利润率

C. 现值指数　　D. 内含报酬率

16. 某投资项目年营业收入为180万元，年付现成本为60万元，年折旧额为40万元，所得税税率为25%，则该项目年经营净现金流量为（　　）万元。

A. 81.8　　B. 100

C. 82.4　　D. 76.4

二、多项选择题

1. 在下列项目中，属于投资决策范围的项目是（　　）。

A. 购置机器设备　　B. 扩建厂房和营业用楼

C. 决策亏损产品是否转产　　D. 确认产品最优售价

2. 净现值法的优点有（　　）。

A. 考虑了资金时间价值

B. 考虑了项目计算期的全部净现金流量

C. 考虑了投资风险

D. 可从动态上反映项目的实际收益率

3. 由于货币在不同的时期内其价值量不一样，因此，在采用（　　）指标进行决策分析时必须要使用“现值”概念进行计算。

A. 边际贡献　　B. 净现值

C. 现值指数　　D. 内含报酬率

4. 年金必须满足三个条件，不包括（　　）。

A. 每期的金额固定不变

B. 流入流出方向固定

C. 在所计算的期间内每期的现金流量必须连续

D. 流入流出必须都发生在每期期末

5. 下列关于经营期现金流量的相关计算公式中，正确的有（　　）。

A. 营业现金净流量 = 营业收入 - 付现成本 - 所得税

B. 营业现金净流量 = 税后经营净利润 + 折旧

C. 营业现金净流量 = （营业收入 - 付现成本）×（1 - 所得税税率）+ 折旧 × 所得税税率

D. 营业现金净流量 = 税前利润 + 折旧

E. 营业现金净流量 = 营业收入 - 付现成本 + 非付现成本

6. 在投资决策中，用来衡量投资项目风险大小的指标是（　　）。

A. 标准离差　　B. 风险报酬率

C. 机会成本　　D. 标准离差率

7. 现金流入的内容包括（　　）。

A. 营业收入　　B. 回收固定资产余值

C. 回收流动资金　　D. 建设投资

8. 在下列项目中，能够作为投资方案现金流量的项目是（　　）。

A. 营业收入　　B. 固定资产折旧

C. 残值收入　　D. 垫支流动资金

9. 现金流出量是指一个项目投资方案所引起的公司现金支出的增加额，主要包括（　　）。

A. 固定资产上的投资　　B. 垫支的营运资本

C. 付现成本　　D. 各项税款

E. 其他现金流出

10. 项目投资方案的决策程序中，项目投资评价后，根据评价的结果，公司相关决策者要作最后决策，最后决策一般包括（　　）。

A. 该项目可行，接受这个项目，可以进行投资

B. 该项目不可行，拒绝这个项目，不能进行投资

C. 将项目计划发还给项目投资的提出部门，重新调查后，再做处理

D. 计算项目的各种投资评价指标

E. 估算项目预计投资额，预计项目的收入和成本，预测项目投资的现金流量

11. 项目投资决策程序的步骤一般包括（　　）。

A. 项目投资方案的提出　　B. 项目投资方案的评价

C. 项目投资方案的决策　　D. 项目投资的执行

E. 项目投资的再评价

12. 下列各项中，属于终结点现金流量的是（　　）。

A. 固定资产的残值收入或变价收入

B. 原垫支营运资本的收回

C. 在清理固定资产时发生的其他现金流出

D. 固定资产的购入或建造成本

13. 下列选项中不属于净现值缺点的是（　　）。

A. 当各方案的经济寿命不等时，最好用净现值进行评价

B. 不能动态反映项目的实际收益率

C. 当各方案投资额不等时，无法确定方案的优劣

D. 净现值的大小取决于折现率，而折现率的确定较为困难

14. （　　）评价指标的计算与项目事先给定的折现率有关。

A. 内部收益率　　B. 净现值

C. 净现值率　　D. 静态投资回收期

15. 企业取得非专利技术的若为投资转入，则此非专利技术可按（　　）进行估算。

A. 合同约定的价值　　B. 收益法

C. 市价法　　D. 成本法

16. 下列关于固定资产更新决策的说法中，正确的有（　　）。

A. 固定资产更新决策主要是在继续使用旧设备与购置新设备之间进行选择

B. 公司在进行新旧设备更新比较时，可以用差额现金流量进行分析

C. 如果新旧设备使用年限不同，应当采用最小公倍寿命法进行决策分析

D. 如果新旧设备使用年限相同，可以比较成本的现值之和，较小者为最优

E. 如果新旧设备使用年限不同，应当采用比较净现值的方法进行决策分析

17. 相关成本是指与特定决策有关的成本，下列选项中属于相关成本的是（　　）。

A. 未来成本　　B. 重置成本

C. 沉没成本　　D. 机会成本

18. 下列表述中正确的是（　　）。

A. 净现值是未来报酬总现值与原始投资额现值之差

B. 若现值指数≥1，说明投资方案既没有利润也没有亏损

C. 若净现值 >0，那么，现值指数 <1

D. 若净现值 >0，说明投资方案既是可行同时又是盈利的

19. 净现值指标的缺点有（　　）。

A. 不能从动态的角度直接反映投资项目的实际收益率水平

B. 当多个项目投资额不等时，仅用净现值无法确定投资方案的优劣

C. 净现金流量的测量和折现率的确定比较困难

D. 没有考虑投资的风险性

三、判断题

1. 净现值率直接反映投资项目的实际收益率。 ( )

2. 在对同一个独立投资项目进行评价时，用净现值、净现值率和内部收益率指标会得出完全相同的决策结论，而采用静态投资回收期则有可能得出与前述结论相反的决策结论。 ( )

3. 所得税后净现金流量可用于评价在考虑所得税因素时，项目投资对企业价值所作的贡献。 ( )

4. 某企业正在讨论更新现有的生产线，有两个备选方案A和B，A、B方案的原始投资不同：A方案的净现值为400万元，年等额净回收额为100万元；B方案的净现值为300万元，年等额净回收额为110万元。据此可以认为A方案较好。 ( )

5. 折现率可以根据单个投资项目的资金成本计算出来。 ( )

6. 利用动态指标对同一个投资项目进行评价和决策，会得出完全相同的结论。 ( )

7. 先付年金与普通年金的区别仅在于付款时间不同。 ( )

8. 通常风险与报酬是相伴而生，成正比例。风险越大，收益也越大，反之亦然。 ( )

9. 如果存在多个独立投资方案，其内含报酬率均大于要求的最低投资报酬率，则应选择内含报酬率最高的投资方案。 ( )

10. 净现值以绝对数表示，不便于在不同投资规模的方案之间进行对比。 ( )

11. 一组独立备选方案中某项目的净现值小于0，则项目可以采纳。 ( )

12. 在确定投资项目的相关现金流量时，所应遵循的最基本原则是，辨析现金流量与会计利润的区别与联系。 ( )

13. 属于非折现现金流量指标的是净现值。 ( )

四、简答题

1. 对比分析净现值法和内含报酬率法的含义、决策规则及优缺点。

2. 简述项目投资的概念及分类。

3. 在进行现金流量估计时，需要考虑哪些因素？

4. 投资决策的基本程序是什么？

5. 什么是货币时间价值？其表现形式是什么？

6. 为什么在投资决策中要考虑投资风险价值？有哪两种表现形式？

7. 什么是现金流量？现金流量的构成内容主要是哪些？

8. 在进行投资项目现金流量的估计时，需要考虑哪些问题？

9. 什么是风险？什么是风险报酬，投资风险和报酬之间有什么关系？

五、计算分析题

1. 目的：联系单利终值和单利现值计算。

资料：A企业于2014年初投资100000元进行生产线建设，该项目在2016年年初完工并投入使用；2016年、2017年、2018年、2019年年末现金流入量分别是20000元、30000元、40000元和50000元；生产线投资报酬率为10%；不考虑流动资产投资问题。

要求：

（1）按单利法计算2016年年初投资额的终值。

（2）按单利法计算各年现金流入量2016年年初的现值之和。

2. 目的：练习复利终值计算。

资料：W企业投资于某项目，投资额4000万元，投资期5年，投资报酬率8%。

要求：计算5年后复利终值是多少？

3. 目的：练习复利现值计算。

资料：M企业准备将闲置资金投资于某项目，该项目投资报酬率8%，准备在3年后拿到本息额50000万元。

要求：计算现在应投入本金多少钱才合适？

4. 目的：练习复利现值计算。

资料：A企业拥有资金1200万元，拟投入报酬率为8%的投资项目。

要求：计算需要经过多少年才可使现有资金增加1倍？

5. 目的：练习复利现值计算。

资料：N企业现有资金1200万元，欲在19年后使其达到原来的3倍。

要求：计算选择投资机会的最低投资报酬率应该是多少？

6. 目的：练习复利现值计算。

资料：某企业拟在5年后获得本利和1000万元，投资报酬率为10%。

要求：计算现在应投入多少资金？

7. 目的：练习后付年金终值计算。

资料：5年内每年底存入银行10万元，银行存款利率8%。

要求：计算第5年年末本和利是多少？

8. 目的：练习后付年金终值计算。

资料：拟在5年后还清10万元债务，从现在每年年末等额存入银行一笔款项，银行存款利率为10%。

要求：计算每年年末需存入银行多少资金？

9. 目的：练习后付年金终值计算。

资料：某君欲由银行代付3年房租，每年租金1万元，银行存款利率为复利10%。

要求：计算现在应一次性存入银行多少现金？

10. 目的：练习复利和后付年金计算。

资料：某企业需用一台设备，买价15000元，使用寿命10年；如果租用，则每年年末需支付租金2200元，除此之外的其他情况相同。该企业资金成本是8%。

要求：计算说明该企业后买设备和租用设备哪个方式更为合适？

11. 目的：练习后付年金现值计算。

资料：某企业现在投入一笔资金，计划在8年后每年年末得到6000万元，连续获得10年，投资报酬率是7%。

要求：计算该企业现在应一次性投入资金的数额是多少？

12. 目的：练习风险报酬率计算。

资料：R企业有两个较好的投资获利机会，投资额都是2000万元。甲项目是一个高科技项目，其市场竞争非常激烈，风险也比较大，但如果项目成功，会有较高的利润回报并占有一定市场优势。乙项目是一个技术改造项目，生产销售比较平稳。甲、乙两个项目的有关资料，如表5-1所示。

要求：根据以上资料计算甲、乙两个投资项目风险报酬额，并依此做出选择。

表5-1　　　　R企业甲、乙项目经济状况表

经济状况	发生概率	投资报酬率（%）		风险报酬系数	
		甲项目	乙项目	甲项目	乙项目
繁荣	0.3	90	20	0.08	0.03
正常	0.4	15	15		
萧条	0.3	-50	10		

13. 目的：练习综合资金成本计算。

资料：S企业资金总额4000万元，其中：普通股资金1700万元，资金成本16%；债券资金600万元，资金成本12%；借款800万元，资金成本11%；留存收益900万元，资金成本15.5%。

要求：计算S企业综合资金成本是多少？

14. 目的：练习净现值法和内含报酬率法。

资料：W企业资金成本是10%，现有3个固定资产投资方案有关资料，如表5－2所示。

表5－2　企业甲、乙、丙固定资产投资方案表　单位：万元

年数	0	1	2
甲方案	-5000		7000
乙方案	-5000	3000	3000
丙方案	-5000	6000	

要求：

（1）计算3个方案净现值并选择最佳方案。

（2）计算3个方案内含报酬率并选择最佳方案。

15. 新华公司拟进行一固定资产投资项目的决策，已知该固定资产投资项目需要一次性投入资金1100万元。预计该固定资产可使用5年，按年限平均法计提折旧，税法规定终结点有净残值100万元。当年建设当年投产，假定该项投资的必要收益率为10%。各年实现的净利润分别为100万元、300万元、200万元、100万元、100万元。

要求：(1) 计算该投资项目各年的现金净流量。

(2) 计算该投资项目的净现值，并根据净现值做出项目是否可以投资的决策。

第六章
全面预算

一、单项选择题

1. 下列各项中能揭示全面预算本质的说法是：全面预算是关于未来期间内的（　　）。

A. 企业的成本计划　　B. 事业单位的收支计划

C. 企业总体计划的数量说明　　D. 企业总体较好的文字说明

2. 在管理会计中，用于概括与企业日常业务直接相关、具有实质性的基本活动的一系列预算的概念是（　　）。

A. 专门决策预算　　B. 业务预算

C. 财务预算　　D. 销售预算

3. 现金预算属于下列项目中的（　　）。

A. 业务预算　　B. 生产预算

C. 财务预算　　D. 专门决策预算

4. 预计期初存货 50 件，期末存货 40 件，本期销售 250 件，则本期生产量为（　　）件。

A. 250　　B. 240

C. 260　　D. 230

5. 某产品销售款的回收情况是：销售当月收款 60%，次月收款 40%，201×年 1—3 月的销售额估计为 7000 元、9000 元和 6000 元。由此可预测 201×年 2 月的现金收入为（　　）。

A. 7200 元　　B. 7800 元

C. 8200 元　　D. 9000 元

6. 编制生产预算以（　　）为基础。

A. 采购预算　　B. 销售预算

C. 财务预算　　D. 管理费预算

7. 下列预算中，不属于业务预算的是（　　）。

A. 预计利润表　　B. 销售与管理费用预算

C. 制造费用预算　　D. 销售预算

8. 下列预算中，属于专门决策预算的是（　　）。

A. 财务费用预算　　B. 直接人工预算

C. 资本支出预算　　D. 产品成本预算

9. 在成本性态分析基础上，分别按一系列可能达到的预计业务量水平而编制的能适应多种情况的预算，称为（　　）。

A. 滚动预算　　B. 零基预算

C. 弹性预算　　D. 连续预算

10. 全面预算的起点是（　　）。

A. 现金预算　　B. 生产预算

C. 销售预算　　D. 管理费预算

11. 下列预算中，不涉及现金收支内容的项目有（　　）。

A. 生产预算　　B. 直接材料采购预算

C. 制造费用预算　　D. 销售预算

12. 企业的全面预算体系的终结为（　　）。

A. 现金预算　　B. 销售预算

C. 预计资产负债表　　D. 资本支出预算

13. 变动性制造费用预算的编制基础是（　　）。

A. 生产预算　　B. 现金预算

C. 制造费用预算　　D. 销售预算

14. 直接材料预算编制的基础是（　　）。

A. 销售预算　　B. 直接人工预算

C. 财务预算　　D. 生产预算

15. 预算编制方法中，与弹性预算相对应的是（　　）。

A. 固定预算　　B. 增量预算

C. 滚动预算　　D. 零基预算

16. 某企业2019年度月产量最高为20000件，其总成本为74000元；月产量最低为12000件，其总成本为50000元。假设计划期产量为18000件，预计其总成本为（　　）。

A. 50000元　　B. 60000元

C. 74000元　　D. 68000元

17. 下列预算中，不涉及货币金额，只反映实物量的是（　　）。

A. 生产预算　　B. 现金预算

C. 直接材料预算　　D. 销售预算

18. 与生产预算没有直接联系的是（　　）。

A. 直接材料预算　　B. 直接人工预算

C. 制造费用预算　　D. 销售与管理费用预算

19. 下列有关制造费用预算的表述不正确的是（　　）。

A. 凡生产预算中不属于直接材料和直接人工预算部分，都应归入制造费用预算

B. 制造费用预算中不包括固定制造费用部分

C. 制造费用预算的编制，通常还包括费用方面预计的现金支出的计算

D. 变动制造费用预算以生产预算为基础编制

20. 下列预算中，不必单独编制与之相关的现金收支预算的是（　　）。

A. 销售预算　　B. 直接材料采购预算

C. 直接人工预算　　D. 制造费用预算

21. 在编制制造费用预算时，计算现金支出应予剔除的项目是的（　　）。

A. 间接材料　　B. 间接人工

C. 管理人员工资　　D. 折旧费

22. 下列项目中，可以总括反映企业在预算期间盈利能力的预算是（　　）。

A. 专门决策预算　　B. 现金工预算

C. 预计利润表　　D. 预计资产负债表

23. 下列项目中，能够克服固定预算方法缺点的是（　　）。

A. 固定预算　　B. 弹性预算

C. 滚动预算　　D. 零基预算

24. 编制弹性预算时，要将（　　）部分按照业务量的变动加以调整。

A. 全部费用　　B. 变动费用

C. 固定费用　　D. 期间费用

25. 下列各项中，应当作为编制零基预算出发点的是（　　）。

A. 基期的费用水平　　B. 历史上费用的最好水平

C. 国内外同行业费用水平　　D. 费用为零

二、多项选择题

1. 下列各项中，属于全面预算体系构成内容的有（　　）。

A. 业务预算　　B. 财务预算

C. 专门决策预算　　D. 零基预算

E. 滚动预算

2. 下列各项中，属于专门决策预算内容的有（　　）。

A. 一次性专门业务预算　　B. 预计利润表

C. 预计资产负债表　　D. 资本性支出预算

E. 销售预算

3. 编制生产预算时需要考虑的因素有（　　）。

A. 基期生产量　　B. 基期销售量

C. 预售期预计销售量　　D. 预算期预计期初存货量

E. 预算期预计期末存货量

4. 编制直接人工预算时需要考虑的因素有（　　）。

A. 基期生产量　　B. 预计销售量

C. 生产预算中的预计生产量　　D. 标准单位直接人工工时

E. 标准工资率

5. 下列各项中，能够为编制预计利润表提供信息来源的有（　　）。

A. 销售预算
B. 零基预算
C. 销售及管理费用预算
D. 制造费用预算
E. 专门决策预算

6. 编制成本费用预算的方法按其出发点的特征不同，可分为（　　）。
A. 固定预算
B. 弹性预算
C. 零基预算
D. 滚动预算
E. 概率预算

7. 零基预算与传统的增量预算相比较，其不同之处在于（　　）。
A. 一切从可能出发
B. 以零为基础
C. 以现有的费用水平为基础
D. 一切从实际需要出发
E. 不受现有费用项目的限制

8. 销售预算的主要内容有（　　）。
A. 销售收入
B. 销售费用
C. 销售数量
D. 销售单价
E. 销售时间

9. 通常完整的全面预算应包括（　　）三部分。
A. 业务预算
B. 专门决策预算
C. 销售预算
D. 财务预算
E. 成本预算

10. 财务预算的内容包括（　　）。
A. 营业预算
B. 资本支出预算
C. 预计资产负债表
D. 预计利润表
E. 现金预算

11. 现金预算是各有关现金收支预算的汇总，通常包括（　　）等四个组成部分。
A. 现金收入
B. 现金支出
C. 现金多余或现金不足
D. 资金融通
E. 资金的分配

12. 常用的预算编制方法有（　　）。
A. 概率预算
B. 零基预算
C. 全面预算
D. 滚动预算
E. 弹性预算

13. 编制全面预算的作用，主要是（　　）。
A. 明确奋斗目标
B. 控制业务活动
C. 协调各部门工作
D. 评价工作业绩
E. 核算日常工作

14. 下列预算中，在编制时需要以生产预算为基础的是（　　）。
A. 直接材料预算
B. 销售预算
C. 直接人工预算
D. 制造费用预算
E. 单位产品成本预算

15. 与现金预算有关的预算有（　　）。

A. 销售预算　　B. 生产预算

C. 直接材料采购预算　　D. 直接人工预算

E. 制造费用预算　　F. 产品成本预算

G. 期末存货预算　　H. 销售及管理费用预算

16. 下列属于全面预算中的预算是（　　）。

A. 销售预算　　B. 弹性预算

C. 生产预算　　D. 零基预算

E. 预计收益表

17. 零基预算的优点有（　　）。

A. 不受基期费用水平的束缚　　B. 促使重视预算的编制工作

C. 有利于有效地分配资源　　D. 有利于修改上年度预算

E. 简化预算的编制工作

三、判断题

1. 财务预算是指反映企业预算期现金支出的预算。（　　）

2. 从三大类预算的关系看，财务预算是其他预算的基础。（　　）

3. 编制经营预算、财务预算与资本支出预算的期间，通常以 1 年为期。（　　）

4. 销售预算是以生产预算为依据编制的。（　　）

5. 在实务中，企业并不需要每年都按零基预算方法来编制预算，而是每隔几年才按此方法编制一次预算。（　　）

6. 编制预算的方法按其业务量基础的数量特征不同，可分固定预算方法和弹性预算方法两大类。（　　）

7. 预计资产负债表和预计利润表构成了整个财务预算。（　　）

8. 全面预算是指为企业供、产、销及管理活动所编制的，反映企业收入与费用构成情况的预算。（　　）

9. 在编制生产预算时，应考虑产成品期初期末存货水平。（　　）

10. 预计生产量 = 预计销售量 + 预算期初预计存货量 - 预算期末预计存货量。（　　）

四、简答题

1. 什么是全面预算体系？

2. 弹性预算为什么能克服固定预算的编制缺陷？

3. 零基预算与传统预算相比，有哪些优势？

五、计算分析题

1. 已知：某公司2019年第1～3月实际销售额分别为38000万元、36000万元和41000万元，预计4月份销售额为40000万元。每月销售收入中有70%能于当月收现，20%于次月收现，10%于第三个月收讫，不存在坏账。假定该公司销售的产品在流通环节只需缴纳消费税，税率为10%，并于当月以现金缴纳。该公司3月末现金余额为80万元，应付账款余额为5000万元（需在4月份付清），不存在其他应收应付款项。

4月份有关项目预计资料如下：采购材料8000万元（当月付款70%）；工资及其他支出8400万元（用现金支付）；制造费用8000万元（其中折旧费等非付现费用为4000万元）；销售费用和管理费用1000万元（用现金支付）；预交所得税1900万元；购买设备12000万元（用现金支付）。现金不足时，通过向银行借款解决。4月末现金余额要求不低于100万元。

要求：根据上述资料，计算该公司4月份的下列预算指标。（1）现金流入；（2）现金流出；（3）现金余缺；（4）应向银行借款的最低金额；（5）4月末应收账款余额。

2. C 公司只生产一种产品。相关预算资料如下。

资料一：预计每个季度实现的销售收入（含增值税）均以赊销方式售出，其中 60% 在本季度内收到现金，其余 40% 要到下一季度收讫，假定不考虑坏账因素。部分与销售预算有关的数据如表 6－1 所示。说明：表中“＊”表示省略的数据。

表 6－1　　单位：元

项　　目	一季度	二季度	三季度	四季度
预计销售收入	117000	117000	128700	128700
期初应收账款	20800	*	*	*
第一季度销售当期收现额	(A)			
第二季度销售当期收现额		(B)		
第三季度销售当期收现额				
第四季度销售当期收现额				(C)
经营现金收入合计	*	117000	124020	128700

资料二：预计每个季度所需要的直接材料均以赊购方式采购，其中 50% 于本季度内支付现金，其余 50% 需要到下个季度付讫，假定不存在应付账款到期现金支付能力不足的问题。部分与直接材料采购预算有关的数据如表 6－2 所示。

表 6－2　　单位：元

项　　目	一季度	二季度	三季度	四季度
预计材料采购成本	70200	70200	76050	77220
期初应付账款	10000	35100	(E)	(F)
第一季度采购当期支出额	*			
第二季度采购当期支出额		*		
第三季度采购当期支出额			38025	
第四季度采购当期支出额				(G)
材料采购现金支出合计	(D)	*	*	(H)

要求：（1）根据资料一确定该表中用字母表示的数值（不需要列示计算过程）。（2）根据资料二确定该表中用字母表示的数值（不需要列示计算过程）。（3）根据资料一和资料二，计算预算年度应收账款和应付账款的年末余额。

第七章 标准成本控制

一、单项选择题

1. 在下列各项中，属于标准成本控制系统前提和关键的是（　　）。

A. 标准成本的制定　　B. 成本差异的计算

C. 成本差异的分析　　D. 成本差异的账务处理

2. 下列各项中，经常在制订标准成本时被采用的是（　　）。

A. 理想标准成本　　B. 稳定标准成本

C. 现实标准成本　　D. 正常标准成本

3. 与预算成本不同，标准成本是一种（　　）。

A. 总额的概念　　B. 单位成本的概念

C. 历史成本　　D. 实际成本

4. 成本差异按其数量特征的不同可划分为（　　）。

A. 数量差异和价格差异　　B. 纯差异和混合差异

C. 有利差异和不利差异　　D. 可控差异和不可控差异

5. 在标准成本控制系统中，成本差异是指在一定时期内生产一定数量的产品所发生的（　　）。

A. 实际成本与标准成本之差　　B. 实际成本与计划成本之差

C. 预算成本与标准成本之差　　D. 预算成本与实际成本之差

6. 实际固定性制造费用脱离预算而形成的差异称为（　　）。

A. 能量差异　　B. 预算差异

C. 效率差异　　D. 生产能力利用差异

7. 某企业甲产品消耗直接材料，其中A材料价格标准为3元/千克，数量标准为5元/件，B材料价格标准为4元/千克，数量标准为10元/件，则甲产品消耗直接材料的标准成本为（　　）。

A. 15元　　B. 40元

C. 55元　　D. 65元

二、多项选择题

1. 下列各项中，应纳入成本全过程控制的有（ ）。

A. 产品设计阶段
B. 试制阶段
C. 生产阶段
D. 销售阶段
E. 售后服务阶段

2. 要实现成本的全面控制原则，必须做到（ ）。

A. 全员控制
B. 全过程控制
C. 全方位控制
D. 全社会控制
E. 全行业控制

3. 在实务中，贯彻成本控制的例外管理原则时，确定“例外”的标准通常可考虑的标志有（ ）。

A. 重要性
B. 一贯性
C. 可控性
D. 普遍性
E. 特殊性

4. 人工工时耗用量标准即直接生产工人生产单位产品所需要的标准工时，主要内容有（ ）。

A. 对产品的直接加工工时
B. 必要的间歇和停工工时
C. 不可避免的废品耗用工时
D. 生产中的材料必要消耗
E. 不可避免的废品损失中的消耗

5. 下列各项中，能够导致出现材料价格差异的原因有（ ）。

A. 材料质量差，废料过多
B. 材料采购计划编制不准确
C. 材料调拨价格或市场价格的变动
D. 因临时紧急进货，使买价和运输费上升
E. 机器设备效率增减，使材料耗用量发生变化

6. 在制订标准成本时，可选择的标准成本包括（ ）。

A. 理想标准成本
B. 正常标准成本
C. 现实标准成本
D. 平均标准成本
E. 期望可达到的标准成本

7. 下列各项中，属于预防成本的有（ ）。

A. 原材料验收检测
B. 工序检验费
C. 产品的检验费
D. 质量计划工作费用
E. 人员培训费用

三、判断题

1. 标准成本的种类包括理想标准成本、基准标准成本、正常标准成本和非正常标准

成本。（ ）

2. 标准成本控制的作用是加强成本的日常监督和控制。不能降低成本，无法提高企业经济效益。（ ）

3. 理想标准成本是指有关产品在过去某个时期内的平均成本水平。（ ）

4. 产品的标准成本是由产品的直接材料标准成本和直接人工标准成本两者构成的。（ ）

5. 制造费用的标准成本取决于数量标准和价格标准。（ ）

6. 凡实际成本大于标准成本为顺差，即是有利差异。（ ）

7. 造成成本差异的因素较多，如数量差异、价格差异，而这些因素又分别取决于不同部门的操作。（ ）

8. 当产品的实际成本大于产品的标准成本时，称为成本超支。（ ）

9. 直接材料成本差异是由直接材料价格差异和直接材料数量差异组成。（ ）

10. 所谓例外事项是指符合常规的、重要的偏离标准或预算的成本差异。（ ）

四、简答题

1. 什么是标准成本控制系统？

2. 标准成本的种类有哪几类？标准成本控制的作用是什么？

3. 例外管理的确定标准包括几个特性？还应针对哪些情况对例外管理进行改进？

五、计算分析题

1. 已知：某企业生产 A 产品，有关资料如下。(1) 生产 A 产品，耗用甲、乙两种材料。其中甲材料标准价格为每千克 20 元，乙材料标准价格为每千克 32 元。单位产品耗用甲材料标准为每件 5 千克，乙材料为每件 9 千克。(2) 甲产品单位标准工时为 13 小时，直接人工标准工资率为 7.5 元。(3) 固定性制造费用预算数为 61000 元；变动性制造费用预算数为 38000 元。标准总工时数为 10000 小时。

要求：制定 A 产品的标准成本。

2. 已知：某企业生产甲产品，其标准成本的相关资料如下：单件产品耗用 A 材料 10 千克，每千克的标准单价为 3 元；耗用 B 材料 8 千克，每千克标准单价为 5 元；单位产品的标准工时为 3 小时，标准工资率为 12 元/小时；标准变动性制造费用率为 8 元/小时；标准固定性制造费用率为 12 元/小时。假定本期实际产量 1300 件，发生实际工时 4100 小时，直接人工总差异为 +3220 元。

要求：计算直接人工的效率差异和工资率差异。

3. 已知：昌沙公司只生产产品甲，并且只使用一种材料。计划年度预计生产产品10000件，直接材料的价格标准为10元/千克，用量标准为20千克/件。该公司实际生产A产品12000件，材料的实际单价为11元/千克，实际消耗材料总量为230000千克。

企业直接人工的工资率标准为10元/工时，工时用量标准为12工时/件。人工的实际工资率为11元/工时，实际消耗工时总量为140000工时。

要求：计算并分析直接人工成本差异。

第八章
存货控制

一、单项选择题

1. 按照存货控制的 ABC 分析法的要求，对于品种少、单位价格高的存货项目，应当（ ）。

A. 抽样控制　　B. 一般控制
C. 重点控制　　D. 简单控制

2. 一般来说，（ ）是属于存货控制中的无关成本。

A. 购置成本　　B. 订货成本
C. 储存成本　　D. 重置成本

3. 订货成本中也有无关成本，如下列项目中的（ ）。

A. 差旅费　　B. 邮电费
C. 合同公证费　　D. 采购人员工资

4. 下列储存成本中属于无关成本的有（ ）。

A. 仓储费用　　B. 仓库折旧费
C. 存货保险费　　D. 存货资金占用的利息

5. 随订货次数的增减成正比例变动的成本是（ ）。

A. 每次的变动性订货成本　　B. 订货成本总额
C. 变动性储存成本总额　　D. 变动性订货成本总额

6. 存货 ABC 分类法的基本点是（ ）。

A. 全面控制　　B. 有效控制
C. 重点控制　　D. 一般控制

7. 最低经济订货量是指（ ）。

A. 订货成本最低时的订货量
B. 储存成本最低时的订货量
C. 订货成本与储存成本之和最低时的订货量
D. 订货成本与储存成本之和最高时的订货量

8. 在全年订货总量确定的情况下，订货成本与储存成本之间的关系表现为（ ）。

A. 二者同增　　B. 互为消长

C. 二者同减　　D. 保持平衡

9. 在经济批量模型图中，随订货量增长其成本相应增加的是（　　）直线。

A. 总成本　　B. 订货成本

C. 储存成本　　D. 购置成本

10. ABC分类法中，属于品种数多、资金占用额少的是（　　）。

A. A类　　B. B类

C. C类　　D. B类和C类

二、多项选择题

1. 存货成本主要包括（　　）。

A. 购置成本　　B. 订货成本

C. 储存成本　　D. 生产成本

2. 订货成本中属于相关成本的有（　　）。

A. 差旅费　　B. 入库搬运费

C. 运输费　　D. 采购人员工资

3. 储存成本中属于相关成本的有（　　）。

A. 仓储费用　　B. 仓储人员工资

C. 存货残损金额　　D. 仓库折旧费

4. 经济批量的确定应根据（　　）。

A. 全年需要总量　　B. 存货的单价

C. 单位存货年度平均储存成本　　D. 平均每次订货成本

5. 存货的供应期越长，则（　　）。

A. 进货次数越少　　B. 每次采购存货的数量越多

C. 存货的资金占用越多　　D. 存货的储存量越大

6. 最优生产批量控制应考虑的相关成本因素有（　　）。

A. 直接材料　　B. 直接人工

C. 储存成本　　D. 调整准备成本

7. 在不同条件下，经济批量控制应考虑的相关成本的构成内容有所不同，但（　　）存在于任何条件下。

A. 订货成本　　B. 储存成本

C. 变动性订货成本　　D. 变动性储存成本

8. 存货控制是指企业对（　　）存货的批量及成本所进行控制。

A. 在产品　　B. 产成品

C. 固定资产　　D. 库存材料

9. 存货控制的内容包括（　　）。

A. 存货数量控制　　B. 存货成本控制

C. 存货品种控制　　D. 存货批量控制

10. ABC分析法适用于（　　）。

A. 多品种成本控制
B. 单一成本各项成本的控制
C. 多品种数量控制
D. 某项成本具体内容的分类控制

三、判断题

1. 企业的存货主要包括原材料、燃料、在产品、低值易耗品和固定资产等。（　　）

2. 为了减少订货成本就应该将存货储存得多一些，这也符合经济订货量的原则。（　　）

3. 降低存货总成本的唯一办法是降低购置成本。（　　）

4. 保险性存货是企业为了应付突发的意外而储存的存货，这类存货一般储存量较少。（　　）

5. 各类存货控制方法并不是相互孤立互不相关的，可以交叉使用。（　　）

6. 假定在市场物价不变，也没有订货数量折扣的情况下，购置成本通常保持相对稳定，因而购置成本属于存货。（　　）

7. 影响存货最优水平的基本因素是订货成本和储存成本。（　　）

8. 在全年订货量确定的情况下，订货成本与储存成本之间的关系为互为消长。（　　）

9. ABC 分类法，一般的方法是对数量少价值高的存货严加控制，对数量多价值小的存货适当放宽控制。（　　）

10. 存货的供应期越长，订货次数就越少，其订货成本就越小，而储存成本则越大。（　　）

四、简答题

1. 什么是经济批量，其设立的假设条件是什么？

2. ABC 分类控制法怎样对存货进行分类与控制？

3. 常用的存货控制方法主要有哪几种？

五、计算分析题

1. 目的：通过练习，掌握存货经济批量法。

资料：某企业生产使用的某种材料的全年需要用量为 16000 吨，单价为 400 元每吨，每次订货成本为 1200 元，每吨材料年均储存成本为 60 元。

要求：（1）计算经济批量；（2）计算经济批量下的全年最低相关总成本。

2. 目的：通过练习，掌握存货经济批量法。

资料：某材料年需用量 16000 吨，单价 200 元/吨，每次订货成本 1200 元，单位存货年储存成本 60 元。如果每次订货量不少于 1600 吨，可享受 2% 的价格优惠；如果每次订货量不少于 4000 吨，可享受 3% 价格优惠。

要求：确定经济订货批量。

3. 目的：通过练习，掌握存货控制的 ABC 分类法。

资料：某企业需用 12 种材料，各材料编号、年需要量、单价和金额，如表 8－1 所示。

要求：按 ABC 分类法将 12 种存货进行分类。

表 8－1　　材料需要量及单位价格明细账

编号	年需要量（千克）	单位价格（元/千克）	金额（元）
1	1000	1.50	1500
2	800	2	1600
3	80	500	40000
4	200	300	60000
5	2000	15	30000
6	1500	16	24000
7	3000	0.70	2100
8	4000	0.80	3200
9	500	150	75000
10	380	80	30400
11	800	14	11200
12	600	13	7800

第九章 作业成本法

一、单项选择题

1. 作业成本法适用于具有以下特征的企业（　　）。

A. 间接生产费用比较小　　B. 作业环节较少

C. 生产准备成本较高　　D. 产品品种较少

2. 作业成本法的缺陷主要是（　　）。

A. 实施成本较高　　B. 实施效果较差

C. 成本决策相关性较弱　　D. 间接费用的分配与产出量相关性较弱

3. 作业成本法与传统成本法的区别之一是作业成本法（　　）。

A. 存在较多的同质成本库　　B. 存在较少的同质成本库

C. 间接费用分配基础不一定是成本动因　　D. 成本决策相关性较弱

4. 按照作业的执行方式，可将作业分为（　　）。

A. 主要作业和次要作业　　B. 必需性作业和酌量性作业

C. 重复性作业和不重复性作业　　D. 后勤作业和质量作业

5. 在下列项目中，不属于按受益对象分类的作业是（　　）。

A. 单位级作业　　B. 协调级作业

C. 批次级作业　　D. 维持级作业

6. 使用作业成本法计算技术含量较高、生产量较小的产品时，其单位成本与使用传统成本法计算的结果相比，会（　　）。

A. 高出一些　　B. 降低一些

C. 同样相等　　D. 出现不定结果

7. 作业成本法所采用的成本动因（　　）。

A. 不考虑辅助作业　　B. 只考虑某些生产作业

C. 将作业与产品直接联系起来　　D. 将作业与产品间接联系起来

8. 下列属于增值作业项目的是（　　）。

A. 原材料储存作业　　B. 原材料等待作业

C. 包装作业　　D. 质量检查作业

9. 与数量相关的动因不包括（　　）。

A. 产量　　　　B. 直接人工工时
C. 机械工时　　D. 生产工人人数

10. 在作业成本法下通常难以找到合适的成本动因来将（　　）作业所消耗的资源分配至产品。

A. 车间管理　　B. 直接人工
C. 质量检验　　D. 机械调试

二、多项选择题

1. 成本动因选择主要考虑的因素有（　　）。

A. 成本计量　　B. 成本动因与所耗资源成本的相关程度
C. 成本库　　D. 成本中心

2. 下列说法正确的是（　　）。

A. 作业量决定资源的耗用量
B. 最终产品产出量决定作业量
C. 资源耗用量与最终产品产出量有直接关系
D. 成本库的作业就是成本动因

3. 与作业成本法相比，有关传统成本计算方式在下列说法中错误的是（　　）。

A. 传统成本低估了产量大而技术复杂程度低的产品成本
B. 传统成本高估了产量大而技术复杂程度低的产品成本
C. 传统成本低估了产量大而技术复杂程度高的产品成本
D. 传统成本高估了产量大而技术复杂程度高的产品成本

4. 下面关于作业成本法中说法正确的是（　　）。

A. 作业成本法有利于提高成本信息质量，完全克服传统成本分配主观因素影响
B. 作业成本法有利于分析成本升降的原因
C. 作业成本法有利于完善成本责任管理
D. 有利于成本的预测和决策

5. 作业成本法适用于具有以下特征的企业：（　　）。

A. 间接生产费用比重较大　　B. 企业规模大，产品品种多
C. 作业环节多且易辨认　　D. 生产准备成本较高
E. 计算机技术较高

6. 下列有关产量成本计算制度表述正确的是（　　）。

A. 以人工成本、人工工时作为间接费用分配的基础
B. 往往会夸大产量产品的成本而缩小产量产品的成本
C. 整个工厂仅有一个或几个间接成本集合且通常缺乏同质性
D. 主要适用于产量是成本主要驱动因素的传统加工业
E. 间接成本的分配以成本动因为基础

7. 在下列各项中，属于直接成本的是（　　）。

A. 构成产品实体的原材料　　B. 车间照明用电费

C. 车间生产工人工资
D. 车间管理人员工资
E. 销售部门员工工资

8. 决定企业采用作业成本计算方法的影响因素有（　　）。
A. 企业生产组织特点
B. 企业生产工艺过程特点
C. 成本会计人员的素质
D. 企业对成本管理的要求
E. 企业所处行业的特点

9. 作业成本法与传统成本法相比（　　）。
A. 有较多的间接成本库
B. 按成本动因分配生产费用
C. 间接生产费用的分配基础为非财务变量
D. 提供较精确的成本信息
E. 成本决策相关性较强

10. 作业成本法的运用与以下制造环境密切相关（　　）。
A. 专业化生产方式
B. 电脑辅助设计产品
C. 弹性制造系统
D. 适时制生产方式
E. 自动化生产工艺

三、判断题

1. 传统的成本计算所采用的是单一数量分配标准，作业成本法计算采用多种成本动因作为分配标准。（　　）

2. 资源动因是指资源被各种作业消耗的方式及其原因，是指作业成本分配到产品中去的标准。（　　）

3. 在作业成本法下，产品成本是指完全成本，包括与生产产品相关的、合理的、有效的费用，并按照作业类别设置成本项目。（　　）

4. 作业成本法能完全消除主观分配因素。（　　）

5. 企业的生产过程既是作业消耗资源、产品消耗作业的过程，又是产品价值的形成过程。（　　）

6. 作业动因是将作业中心的成本分配到产品或劳务的标准，它反映了作业中心对资源的耗用情况。（　　）

7. 作业成本法是传统成本计算法的演变，其主要特点是先按资源动因分配费用，计算各作业中心成本，再按作业动因分配作业成本，计算产品成本。（　　）

8. 在作业成本法下，制造费用的分配主要以与产出量相关的因素为分配基础。（　　）

9. 在作业成本法下，辅助生产部门的成本在分派到具体的产品或劳务之前也是先分配至生产部门的。（　　）

10. 机器工时可以作为分配机器维护成本的合理动因。（　　）

11. 作业成本管理涉及的仅仅是生产成本而不包括期间费用。（　　）

四、简答题

1. 作业确定后，须将作业组织划分为相互排斥的作业类型主要是哪些？

2. 简述作业成本法的含义及其特点。

3. 作业成本系统设计的基本步骤是什么？有什么具体工作内容？

五、计算分析题

1. 目的：练习作业法计算成本的方法。

资料：某企业生产A、B两种产品。A、B两种产品2019年10月的有关成本资料如表9-1所示。

表9-1　A、B两种产品的成本计算资料表　单位：元

产品名称	产量（件）	单位产品机器工时	直接材料单位成本	直接人工单位成本
A产品	100	1	50	40
B产品	200	2	80	30

该厂每月制造费用总额为50000元，与制造费用相关的作业有4个，有关资料如表9-2所示。

表9-2　A、B两种产品制造费用作业资料表

作业名称	成本动因	作业成本（元）	作业量		
			A产品	B产品	合计
质量检验	检验次数	4000	5次	15次	20次
订单处理	生产订单份数	4000	30份	10份	40份
机器运行	机器工时	40000	200工时	800工时	1000工时
设备调整准备	调整准备次数	2000	6次	4次	10次
合计	—	50000	—	—	—

要求：(1) 用作业成本法计算 A、B 两种产品的单位成本。(2) 以机器小时作为制造费用的分配标准，采用传统成本计算法计算 A、B 两种产品的单位成本。

2. 目的：练习作业成本计算成本的方法。

资料：某企业生产甲、乙两种产品，其中甲产品 900 件，乙产品 300 件，其作业情况数据如表 9-3 所示。

表 9-3　　甲、乙两种产品的作业成本计算资料表

作业项目	资源耗用（元）	动因分析	甲产品作业量	乙产品作业量	合计
材料处理	18000	移动次数	400 次	200 次	600 次
材料采购	25000	订单件数	350 件	150 件	500 件
使用机器	35000	机器工时	1200 工时	800 工时	2000 工时
设备维修	22000	维修工时	700 工时	400 工时	1100 工时
质量控制	20000	质检次数	250 次	150 次	400 次
产品运输	16000	运输次数	50 次	30 次	80 次
合计	136000				

要求：按作业成本法计算甲、乙两种产品的成本，并填制 9-4 内相关内容。

表9－4　　甲、乙两种产品的成本计算表

作业项目	成本（元）	作业量	分配率	甲产品	乙产品
材料处理	18000	600次			
材料采购	25000	500件			
使用机器	35000	2000工时			
设备维修	22000	1100工时			
质量控制	20000	400次			
产品运输	16000	80次			
合计总成本	136000				
单位成本					

3. 目的：练习作业成本法。

资料：某服装制造企业采用作业成本法核算产品成本。该企业某月发生直接材料成本32000元，其中甲产品耗用18000元，乙产品耗用14000元；直接人工成本19000元，其中甲产品应负担11000元，乙产品应负担8000元；制造费用56000元，经分析该企业的作业情况如表9－5所示。

表 9－5 甲、乙两种产品的作业成本计算资料表

作业中心	资源分配（元）	成本动因	作业量	
			甲产品	乙产品
材料整理	14000	处理材料批次	10 批	30 批
质量检验	10000	检验次数	10 次	15 次
机器调试	20000	调试次数	80 次	120 次
使用机器	12000	机器工时	20 工时	80 工时

要求：（1）计算各作业中心的分配率。（2）假定该企业当月生产甲产品 500 件、乙产品 400 件，期初期末在产品为零，计算这个月的完工产品总成本和完工产品单位成本。

第十章
责任会计

一、单项选择题

1. 对于成本中心来讲，要求其控制和考评的成本应该是（　　）。

A. 责任成本　　B. 产品成本

C. 成本总额　　D. 固定成本

2. 成本中心的责任成本是指该中心的（　　）。

A. 全部成本　　B. 变动成本和固定成本

C. 可控成本　　D. 可控成本和不可控成本

3. 成本的可控性与不可控性会随着条件的变化而发生相互转化，但在下列表述中错误的是（　　）。

A. 高层责任中心不可控成本对于低层责任中心来说肯定同样也是不可控成本

B. 低层责任中心不可控成本对于高层责任中心来说肯定是可控成本

C. 某一责任中心的不可控成本相对于另一个责任中心来说有可能是可控成本

D. 从短期看属于不可控成本，但从长期看极有可能是可控成本

4. 具有独立或相对独立销售收入和生产经营决策，并相对成本、收入、利润负责的责任中心是（　　）。

A. 成本中心　　B. 利润中心

C. 投资中心　　D. 预算中心

5. 在下列对企业各投资中心进行考评的主要指标中，能全面反映该投资中心经营成果，并能在一个企业不同投资中心之间比较，从而做出最有决策的指标是（　　）。

A. 边际贡献　　B. 投资报酬率

C. 剩余收益　　D. 销售利润率

6. 内部转移价格中协商价格的下限是（　　）。

A. 市场价格　　B. 单位产品成本

C. 单位变动成本　　D. 固定成本

7. 能够促使各责任中心改善经营管理、降低成本、在企业内部营造竞争环境，并被认为是制定内部价格的最好依据是（　　）。

A. 市场价格　　B. 双重价格

C. 协商价格　　D. 成本加成

8. 在下列责任中心中，可以作为投资中心处理的是（　　）。

A. 车间　　B. 班组

C. 职工　　D. 企业

9. 在对投资中心考核时所使用的投资报酬率指示，其计算需要以下两个指标：销售利润率和（　　）。

A. 资产周转率　　B. 资产利润率

C. 成本利润率　　D. 边际贡献率

10. 若某投资中心经营资产平均占用额 900000 元，销售利润 143000 元，预期投资报酬率 12%，则该投资中心剩余收益是（　　）。

A. 35000 元　　B. 35600 元

C. 35700 元　　D. 35800 元

11. 内部转移价格的制订必须能够保证（　　）目标实现。

A. 企业利润最大化　　B. 各责任中心利润最大化

C. 企业资金最大化　　D. 各责任中心成本最低化

二、多项选择题

1. 在责任会计中，利润中心的形式有（　　）。

A. 自然形成的利润中心　　B. 人为划分的利润中心

C. 存在内部转移价格责任中心　　D. 相互提供产品责任中心

2. 内部转移价格的种类主要有（　　）。

A. 市场价格　　B. 双重价格

C. 成本加成　　D. 协商价格

3. 对投资中心的业绩考评除了成本，收入和利润之外，还应包括投资效果，对投资效果的考评主要是通过（　　）指标来进行。

A. 投资报酬率　　B. 剩余利益

C. 固定资产投资额　　D. 平均固定资产占用额

4. 作为责任中心的最高层次，投资中心应该（　　）。

A. 能够控制成本和收入　　B. 具有经营决策权

C. 具有投资决策权　　D. 能够控制其资产

5. 若提高投资报酬率，可以通过（　　）途径来实现。

A. 提高销售收入　　B. 降低成本

C. 减少经营资产占用（减少存货）　　D. 增加投资

6. 在对投资中心考核时所使用的投资报酬率指标其计算结果是（　　）两项指标之乘积。

A. 资产周转率　　B. 资产利润率

C. 营业利润率　　D. 边际贡献率

7. 与利润中心考核有关的是（　　）。

A. 成本　　B. 剩余利润
C. 利润　　D. 收入

8. 责任中心一般分为（　　）。
A. 费用中心　　B. 利润中心
C. 投资中心　　D. 成本中心

9. 一般来讲，具有经营管理权的责任中心有（　　）。
A. 人为的利润中心　　B. 自然的利润中心
C. 成本中心　　D. 投资中心

10. 在业绩报告中应该包括的金额有（　　）。
A. 预算数　　B. 实际数
C. 差异数　　D. 定额数

三、判断题

1. 根据责任中心的控制范围和责任对象特点的不同，责任中心可以分为成本中心、利润中心和投资中心三类。其中，成本中心的范围和承担的责任最大。（　　）

2. 责任会计是集权管理模式的产物。（　　）

3. 成本中心对责任成本负责，就是对责任中心所有成本负责。（　　）

4. 对于任何一个责任中心来说，所有成本都是可控制的，不管是变动成本还是固定成本。（　　）

5. 责任成本是以责任中心为对象，按谁负责、谁承担的原则进行归集。（　　）

6. 某项投资可能会导致个别投资中心报酬率提高，但不一定会导致整个企业投资报酬率提高。（　　）

7. 利润中心考核的重点除成本、收入和利润外，还应该包括投资效果。（　　）

8. 采用市场价格作为内部转移价格实际上就是直接按照市场价格进行结算。（　　）

9. 在一般情况下，协商售价的上限是市场价格，下限是单位变动成本。（　　）

10. 企业投资中心要提高投资报酬率只能靠扩大销售收入来实现。（　　）

四、简答题

1. 建立责任会计制度应遵循的基本原则是什么？

2. 责任会计制度的基本内容是哪些？

3. 什么是责任中心？责任中心分为哪几类？

4. 责任成本与产品成本的区别与联系是什么？

5. 什么是投资中心？对投资中心进行业绩考核和评价，重点应放在哪几个指标上？

6. 什么是内部转移价格？内部转移价格主要有哪几种？

7. 在以协商价格作为内部转移价格时，一般要比市场价格略低一点，其原因是什么？

五、计算分析题

1. 目的：练习投资报酬率和剩余收益的计算。

资料：某投资中心本期收入、利润和经营资产占用情况，如表10－1所示。

表10－1　　收入、利润和经营资产占用情况表　　单位：万元

项　目	金 额
销售收入	100
销售利润	30
经营资产平均占用额	60
预期投资报酬率（%）	15

要求：根据上述资料计算该投资中心投资报酬率、剩余收益是多少？

2. 目的：练习投资中心业绩报告编制方法。

资料：M集团所属F企业为投资中心，2019年有关成本、收入、利润和经营资产占用情况，如表10－2所示。

表 10－2 成本、收入、利润和经营资产占用情况表 单位：万元

项目	实际	预算
销售收入	10	15
销售成本	9.2	13.9
销售利润	0.8	1.1
经营资产平均占用额	4	5
预期投资报酬率（%）	16	16

要求：根据上述资料编制该投资中心业绩报告。

3. 目的：练习投资报酬率的计算。

资料：甲公司 2019 年的投资报酬率与乙公司一样，均为 16%，但同年甲公司的销售利润率为 8%，乙公司的销售利润率为 5%。

要求：分别计算两个公司当年的资产周转率。